LE
YACHT EUXÈNE

A L'ILE D'ELBE

PAR

Ch. DUFOURMANTELLE

Ancien Archiviste de la Corse.

0 fr. 50

PARIS

Au bureau du journal " Le Yacht "

55, RUE DE CHATEAUDUN

AJACCIO

LIBRAIRIE DE PERETTI

—

1896

LE
YACHT EUXÈNE

A L'ILE D'ELBE

PAR

Ch. DUFOURMANTELLE

Ancien Archiviste de la Corse.

0 fr. 50

PARIS

Au bureau du journal " Le Yacht "

55, RUE DE CHATEAUDUN

AJACCIO

LIBRAIRIE DE PERETTI

—

1896

Le Yacht « EUXÈNE » à l'Ile d'Elbe

Le 13 mai 1895, à quatre heures du soir, le yacht *Euxène* double la jetée du port Saint-Nicolas, à Bastia, et vient mouiller près du quai, à côté du côtre la *Lina*, son futur compagnon de croisière. .

La *Lina*, partie quelques jours auparavant de Santa Margharita de Ligurie, son port d'attache, est arrivée, après une très rapide traversée, la première au rendez-vous.

Dans la brochure intitulée « Une visite au Gibraltar italien, excursion du yacht *Euxène* à la Maddalena, » nous avons déjà présenté au lecteur notre vieux sloop marseillais, large et commode, qui, malgré ses trente années, bat encore vaillamment la mer. Pour le présent voyage, l'*Euxène* est monté par son propriétaire, un patron et deux matelots Corses.

La *Lina* est, au contraire, de construction toute récente ; c'est un gracieux cutter de course, de 8 tx environ, long, étroit, profond, à l'avant élancé, à la mâture élevée ; il a été construit par Baglietto, à Varazze, en 1893. Le propriétaire de la *Lina*, M. François B. C., membre du Regio Yacht-Club Italiano, emmène à bord avec lui son frère, yachtsman accompli, et deux marins génois.

Expliquons en deux mots le but de notre réunion.

Partis, l'un d'Ajaccio, l'autre de Santa-Margharita de Ligurie, nous nous sommes donné rendez-vous à Bastia pour aller visiter de conserve sur nos yachts les îles de l'archipel toscan, la Capraja, l'île d'Elbe, la Pianosa, Montecristo, Giglio, etc.

Entre la Corse et la côte occidentale de l'Italie, de Cività-Vecchia à Livourne, émerge des flots de la mer tyrrhénienne une succession d'îles et d'îlots où vécurent, pensèrent et souffrirent des hommes et des races qui jouèrent dans l'histoire un rôle considérable. C'est dans l'antique Æthalia (île d'Elbe) que ces étonnants et mystérieux Etrusques créèrent l'industrie du fer. Plus tard le peuple romain, vainqueur des Etrusques, sut tirer des mines inépuisables de cette île tout le fer qui lui assura la conquête du monde. C'est à la Pianosa que fut exilé Agrippa posthume, un moment l'héritier d'Auguste et le rival de Tibère. A la Capraja, à Palmajola (jadis Palmaria), à la Gorgone, se réfugièrent au moment des persécutions contre les Chrétiens les premiers adeptes de cette religion nouvelle qui allait détruire l'ancienne société et régénérer l'humanité.

Au Moyen-Age, sur les rochers de la Meloria, près de Livourne, Génois et Pisans se disputèrent plusieurs fois la suprématie des mers ; là enfin, en 1284, la république ligure écrasa la flotte pisane que commandait Ugolino della Gherardesca.

Dans la « Divina Commedia » Dante, après avoir dépeint l'affreux supplice infligé au comte Ugolin et à ses innocents enfants, lance sur l'antique cité pisane cette malédiction :

> Ahi Pisa vituperio delle genti
> Del bel paese là dove il si suona ;
> Poichè i vicini a te punir son lenti ;
> Movasi la Capraia e la Gorgona
> E faccian siepe ad Arno in sulla foce,
> Si ch'egli annieghi in te ogni persona !

A l'aurore des temps modernes, c'est encore dans les parages de cet archipel toscan que s'engagent des luttes acharnées entre les plus célèbres marins de l'époque, les Doria et les Barberousse.

Sur l'Ile d'Elbe plane le plus grand nom des temps modernes, Napoléon.

Enfin, la petite île de Montecristo doit à la puissante imagination de Dumas père une renommée universelle.

Le lecteur peut maintenant juger quel intérêt et quel charme paraît offrir une excursion dans ces îles de l'archipel toscan.

Malheureusement « les vents et les flots sont changeants » ; par suite du mauvais temps nous n'avons pu exécuter l'an dernier qu'une partie de notre programme. Nous en avons conclu qu'il n'est point prudent, avec des yachts de faible tonnage comme l'*Euxène* et la *Lina*, de se mettre en route pour la haute mer avant que les beaux temps et les brises régulières ne soient absolument établis, surtout quand les parages que l'on doit fréquenter n'offrent aucun abri, et qu'il est de toute nécessité de prendre le large à la moindre apparence de coup de vent. Or, excepté à l'île d'Elbe, on ne rencontre dans l'archipel aucun port où puissent mouiller en toute sécurité des bateaux calant deux mètres.

A Bastia, point de départ de notre croisière, nous terminons nos préparatifs de voyage ; après avoir complété nos approvisionnements, nous nous rendons à la douane, puis au consulat italien pour faire régulariser nos papiers de bord.

Au sujet de ces formalités nous nous permettrons de présenter quelques observations, qui seront d'ailleurs l'objet d'un rapport spécial au Conseil de l'Union des Yachts Français. Voici les faits : au consulat d'Italie, pour apposer le visa sur la patente de santé de l'*Euxène*, on ne nous demande aucun droit de chancellerie ; jamais, d'ailleurs, sur les côtes italiennes on ne nous a réclamé le paiement d'une taxe quelconque. En France, au contraire, on fait payer aux yachts étrangers des droits de passe-port, de santé, etc. ; nous n'avons pu nous empêcher de protester en voyant exiger le paiement de ces droits par la douane de Bastia.

Le 14 mai tout est paré ; à 9 heures du soir nous levons l'ancre pour Porto-Ferrajo, capitale de l'île d'Elbe ; des amis de Bastia, qui sont venus en barque nous souhaiter bon voyage, veulent bien nous remorquer hors du port.

Le ciel est clair, la mer légèrement clapoteuse ; pas la moindre brise dans l'air, le baromètre est à 765 m/m, le thermomètre marque 20° ; distance à parcourir, 40 milles dans l'Est.

A 10 heures le patron et un homme vont se coucher ; je prends le quart avec l'autre marin, Barthélemy. Nous devisons ; je demande à Barthélemy de me raconter l'histoire de sa vie que je sais très intéressante ; mon homme ne se fait point prier et commence le récit de son odyssée.

Parti jeune d'Ajaccio, son pays natal, il est allé au loin, dans le Pacifique et les mers de l'Extrême-Orient ; il a bourlingué sur les côtes des deux Amériques, en Océanie, et dans les mers de la Chine et du Japon. Il a surtout navigué à bord de ces grands voiliers américains qui transportent chez leurs voisins de race jaune le charbon et le pétrole ; c'est dans ces fréquents voyages qu'il a appris à parler japonais, langue très facile, dit-il, qu'il possède aussi bien que l'anglais. Pour varier, il s'est engagé à bord du *Trenton* de la marine de guerre des Etats-Unis ; il n'a éprouvé aucune difficulté à s'enrôler, rien n'est plus facile à obtenir qu'un certificat constatant qu'on est américain. Il reconnaît que les matelots américains sont de bons compagnons... quand ils n'ont pas bu ; malheureusement ils boivent souvent et beaucoup ; une fois ivres ils tiennent absolument à faire le coup de poing, mais en loyaux adversaires, ils relèvent vivement le vaincu et l'emmènent cimenter la paix à la taverne.

Il est minuit et quart, la lune se lève toute rouge ; toujours du calme, c'est à peine si nous avançons ; le bateau dérive et ne gouverne plus, souvent un coup d'aviron est nécessaire pour ramener la proue dans l'Est.

Nous reprenons notre conversation ; maintenant Barthélemy me parle des mystérieux assassinats qui se commettent sur le pont des paquebots qui transportent des Chinois. A la pointe du jour, me dit-il, quand nous venons bousculer un peu nos passagers de pont pour les réveiller et les faire lever afin de procéder au lavage, nous en remarquons quelques uns qui restent immobiles malgré nos bourrades ; nous comprenons vite et appelons le médecin. On constate le décès, mais il est impossible de savoir comment le crime a été commis, le cadavre ne portant aucune trace ; et, au milieu de cette agglomération d'hommes, personne n'a rien vu, personne n'a rien entendu. On croit que ces assassinats sont l'œuvre d'une société secrète de malfaiteurs organisée pour dépouiller de leur petit pécule les coolies qui rentrent dans leur patrie.

Le temps a passé vite, il est une heure du matin ; nous nous faisons remplacer et allons nous reposer.

Je me réveille à 4 h. 20 m. pour assister au lever du soleil, qui bientôt inonde de lumière Bastia toujours visible à l'occident ; nous ne devons pas avoir parcouru plus de six milles durant toutes la nuit. La *Lina*, qui au départ avait serré la côte du Cap Corse, se trouve maintenant dans l'Est, à un mille environ de l'*Euxène*.

Le baromètre a légèrement baissé, il marque 763 m/m ; toujours pas de vent, faible houle.

A 4 h. 50 m. s'élève une légère brise de N.-E.; nous tirons de longues bordées jusqu'à 2 heures de l'après-midi ; le vent tournant alors à l'Ouest nous filons gaillardement toutes voiles dehors.

Peu à peu se dessine la côte occidentale de l'île d'Elbe ; puis les détails apparaissent. Nous distinguons de hautes montagnes, des falaises à pic, et, surplombant l'abîme à 600 mètres d'altitude, le sémaphore de Capo alle Serre.

Doublant le cap Saint-André nous découvrons la côte Nord de l'île : les rouges sommets des monts Capanne et Giove bornent l'horizon ; à mi-côte dévalent les villages de Marciana Castello et de Poggio ; sur le rivage s'étend en demi-cercle le gros bourg de Marciana Marina.

Cotoyant le rivage, passent à petite vitesse deux torpilleurs italiens.

Nous avons eu un moment l'espoir d'arriver avant la nuit à Porto-Ferrajo, mais la brise tombe peu à peu ; à 5 heures nous restons en calme à 2 milles de terre en face de Marciana Marina.

Désespérant alors de pouvoir atteindre pendant le jour Porto-Ferrajo, et ne voulant pas passer encore une nuit blanche à la mer, nous décidons d'aller mouiller près de Marciana Marina ; nous signalons notre intention à la *Lina*, qui nous a gagnés de vitesse, et qui se trouve à environ 2 milles dans l'Est, à la hauteur de Capo dell'Enfola.

Tout d'un coup s'élève une légère brise de terre ; comme la *Lina* n'a point aperçu nos signaux et continue sa route, nous regagnons le large. Mais ce ne sont là que des vents perdus ; le calme revient bientôt et nous force à retourner devant Marciana, bien résolus cette fois à y passer la nuit.

Cependant le temps prend mauvaise apparence, les marsouins sautent de tous côtés ; « marsouins sautant annoncent du vent ; » le baromètre a baissé de 7 m/m, le thermomètre est monté à 21 degrés. Nous sommes hésitants, nous nous demandons si nous pourrons tenir à ce mouillage inconnu ; enfin nous jugeons plus prudent de battre la mer.

A 7 h. 45 m. du soir un fort vent du Sud commence à souffler ; nous nous empressons de prendre deux ris, d'amener le foc et de hisser une trinquette ; nous filons alors grand largue dans l'E, 1/4, N.-E. Le vent ne cesse d'augmenter ; avec une vitesse de 9 milles à l'heure nous laissons vite derrière nous les golfes de Procchio, de Biodola et de Viticcio, nous doublons la pointe de l'Enfola, et, en moins de 35 minutes nous découvrons le feu fixe blanc de Porto-Ferrajo. Comme aucun de nous ne connaît la rade de Porto-Ferrajo, et que le temps est mauvais, nous ne voulons point prendre notre mouillage avant le jour ; nous passons toute la nuit à tirer des bordées jusqu'à la hauteur du Cap della Vita, extrémité septentrionale de l'île d'Elbe ; par-dessus cette pointe nous voyons briller de temps en temps le feu du phare de Palmajola, qui, situé à une altitude de 105 mètres, est visible de 26 milles.

Le vent forcit toujours et la mer grossit ; pour rester en eaux plus calmes nous revenons sur Porto-Ferrajo et courons de petits bords près de la côte. Nous nous trouvons dans une obscurité profonde ; c'est en vain que nous comptons sur « l'obscure clarté qui tombe de la lune ; » à une heure du matin cet astre s'élève entouré de nuages ; comme nous devons virer à chaque instant, il faut qu'un homme se tienne à l'avant, les jumelles à la main, pour prévenir quand nous nous rapprochons trop du rivage, ou que nous sommes dans le voisinage du Scoglietto, îlot situé à un demi-mille dans le Nord de la ville.

C'est un fort coup de vent de S.-S.-E., les rafales se succèdent sans interruption ; la trinquette vivement secouée finit par céder au point d'écoute : les hommes se précipitent, la saisissent et l'amarrent solidement à faux-frais. Enfin, aux premières lueurs du jour, à 3 h. 50, au milieu de violentes rafales, nous réussissons à doubler la pointe Stella, extrémité Ouest de l'entrée de la baie, et venons mouiller en face de la darse par 15 mètres de fond.

Après avoir jeté à la mer notre gros grappin ainsi que l'ancre de babord, et serré avec soin les voiles, nous gagnons tous nos couchettes pour tâcher de nous reposer un peu. Le baromètre est descendu à 748 m/m ; en 24 heures il a baissé de 17 divisions.

A 8 heures du matin (16 mai) nous nous entendons appeler par nos camarades de la *Lina*, qui, connaissant déjà Porto-Ferrajo, ont pu la nuit dernière se réfugier dans la rade ; ils nous disent qu'ils vont maintenant faire remorquer leur yacht dans la darse où il nous attendront.

Vers 10 heures nous descendons prendre l'entrée à la capitainerie du port : nous sommes très aimablement accueillis, et constatons, non sans surprise, qu'on ne nous réclame aucun droit. En Italie, les capitaineries de port sont dirigées par des officiers de la marine de guerre.

Les formalités remplies nous armons les avirons et allons mouiller dans la darse à côté de la *Lina*.

La darse a la forme d'un rectangle dont les grands côtés s'étendent à l'Est et à l'Ouest sur une longueur de 220 mètres ; au Midi se trouve l'entrée, resserrée entre deux petits môles, et large d'environ cent mètres. Au Nord et à l'Ouest, la darse est enserrée par de hautes murailles qui continuent l'enceinte de la ville. Au Levant, sur une étroite bande de terre, appelée pointe de la Linguella, s'élèvent les massives constructions du bagne.

A l'extrémité de la Linguella se dresse une tour toscane, jadis peinte en rose, basse et large, et dont les assises descendent profondément dans la mer ; c'est dans cette tour, d'aspect sinistre, et où le jour ne pénètre que par d'étroites meurtrières, que sont enfouis les criminels de marque condamnés à l'ergastolo. En Italie, où les crimes contre les personnes sont plus fréquents que dans les autres pays civilisés, on a cru devoir abolir la peine de mort et la remplacer par l'ergastolo, application au coupable, sa vie durant, du système cellulaire ; on prétend que cette peine est terrible et qu'au bout de peu d'années le condamné devient fou.

C'est dans cette tour de la Linguella que fut enfermé pendant plusieurs années le régicide Passanante qui, voulant assassiner le roi Humbert, blessa grièvement le ministre Cairoli le 18 novembre 1878. Passanante devenu fou a été transporté sur le continent italien dans un manicomio.

Sur le petit môle situé à l'Ouest de la darse se trouve la capitainerie du port où sont centralisés les services maritimes. A côté est installée une conduite d'eau servant exclusivement à l'approvisionnement des torpilleurs. Les autres navires doivent aller remplir leurs barils à une fontaine élevée à l'intérieur de la ville sur la place du marché.

Cette darse offre un excellent abri par tous les temps ; les fonds y varient de 14 mètres dans la passe à 7 mètres environ dans la partie Nord ; à 2 brasses du quai Ouest on a plus de 3 mètres d'eau. Aussi les torpilleurs de la marine italienne viennent-ils souvent mouiller ici ; c'est un centre et un point de relâche pour ces bateaux qui ne cessent de circuler, par paires ou en escadrilles, entre la Maddalena, la baie de Naples, Cività-Vecchia, Livourne et la Spezia. Rasant la côte, ou se dissimulant derrière les îles de l'archipel toscan, les torpilleurs italiens exercent une surveillance incessante sur la mer tyrrhénienne.

Dès le premier jour de notre arrivée, nous nous empressons d'escalader la colline escarpée sur laquelle est bâti Porto-Ferrajo, pour pouvoir nous rendre compte du panorama du golfe et de ses environs.

A l'Est, dans le lointain, s'élève à une altitude de 500 mètres une chaîne de montagnes, qui cache la côte orientale de l'île où se trouve le célèbre massif ferrugineux de Rio ; sur le versant occidental de cette chaîne se dressent quelques pics isolés, tels que le monte Grosso où est installé un sémaphore, et le monte Volterrajo. Sur le monte Volterrajo se détache, majestueux et sinistre. le château en ruines de la reine Elbaine. D'après des légendes du pays, l'île d'Elbe aurait été un moment, dans des temps fabuleux, gouvernée par une reine ; il est probable que cette reine elbaine n'est autre que la terrible princesse de Piombino, Isabelle Appiani d'Aragon, cousine de Philippe II d'Espagne, qui par ses exploits amoureux fut la digne rivale de Marguerite de Bourgogne.

Au midi, l'on distingue le monte Orello, puis le monte Succaretti qui domine le domaine de San Martino et la villa Napoléon.

Le golfe est de forme ovoïde ; à l'entrée il a exactement un mille de large, de la pointe Falconaja aux rochers du fort Stella ; puis il s'étend vers l'Ouest dans l'intérieur des terres ; sa longueur totale s'élève à 2 milles. et sa profondeur Nord et Sud à un mille marin.

La côte Est de la baie, élevée et découpée, présente les deux petites anses de Bagnaja et de la Conca ; au Midi, le rivage tournant en demi-cercle s'abaisse progressivement ; près de la pointe delle Grotte (ou Punta grossa), qui s'avance au milieu de la baie, se trouve le petit débarcadère de San Giovanni ; de ce point jusqu'à l'entrée de la ville, sur une longueur de près de 2 kilomètres, le littoral est bordé de salines.

De notre observatoire la vue est ravissante : de tous côtés, dans les campagnes environnantes, nous apercevons des champs de blé, des plantations de vignes, des villas entourées de jardins et de bouquets d'arbres, des petites maisons, roses ou blanches, bâties toutes sur le même modèle avec une grande cave au rez-de-chaussée et un premier étage pour l'habitation.

Plusieurs auteurs, entre autres MM. Simonin et Pellet, ont parlé de la sûreté du mouillage de Porto-Ferrajo, « un des plus beaux de la Méditerranée. qui n'aurait rien à envier à la célèbre rade de Toulon, à celle non moins fameuse de la Spezia, et à l'incomparable baie de Naples... » Malheureusement des faits récents sont venus donner un cruel démenti à ces admirateurs enthousiastes. Le terrible ouragan des 7 et 8 décembre 1895, qui s'est abattu sur la mer tyrrhénienne, n'a point épargné le golfe de Porto-Ferrajo : plusieurs voiliers ont été jetés à la côte dans la rade même, et sans le dévouement de toute la population, et surtout sans le courage de l'équipage de la *Lombardia*, on aurait eu à déplorer la mort de nombreuses victimes. Il est vrai que, de mémoire d'homme, jamais pareil coup de vent n'avait assailli ces régions ; à Livourne nous avons vu nous-mêmes le grand brise-lames emporté par la mer sur plusieurs mètres de longueur.

A l'entrée occidentale de la baie, sur le versant Sud d'une petite colline escarpée, s'élève en amphithéâtre la ville de Porto-Ferrajo. Elle s'étend, de l'Est à l'Ouest, sur une longueur d'environ un kilomètre ; sa largeur, du Nord au Sud, ne dépasse guère 600 mètres. Ce fut jadis une place forte de premier ordre ; environnée d'eau de tous côtés elle était à l'abri d'un coup de main : l'étroite langue de terre sur laquelle elle est bâtie, et qui forme naturellement une presqu'île, fut complètement séparée du continent par un large fossé où la mer se précipita. Entourée de hautes murailles et flanquée de bastions du côté de la terre, elle est en outre défendue par le fort Falcone au Nord-Ouest, le fort Stella à l'Est, le fort Martello au Sud-Est, et le fort Saint-Cloud au Sud-Ouest. A quelques kilomètres au couchant, sur des collines dominant le large, se dressent le fort Inglese et le fort Albara ; tout ce système de fortifications est relié par plusieurs batteries.

Deux portes donnent accès dans la ville ; l'une, située à l'Ouest, et appelée la Tromba, ou la Porte-Neuve, forme un long tunnel curviligne, percé à travers la muraille et le roc ; c'est un véritable ouvrage d'art exécuté par ordre et sous la surveillance de Napoléon. Quant à la vieille porte de Porto-Ferrajo, elle s'ouvre au Midi sur la darse : au-dessous du fronton qui orne l'entrée sont incrustées des plaques de marbre sur lesquelles on voit gravées les inscriptions suivantes :

« Templa, mænia, domos, arces, portum Cosmus Med., florentinorum dux II a fundamentis erexit A. D. M. D. XLVIIII.

« Fer. magn. dux Etruriæ perfecit anno Dni M. DCXXXVII quo Victoriam Urbini principem duxit uxorem fœlici homine. »

Ces deux inscriptions sont intéressantes ; non seulement

elles déterminent la date de la construction des fortifications, mais elles permettent encore de rectifier de petites erreurs historiques. Ainsi c'est en 1549, (et non en 1537 comme on l'a écrit), que Cosme Ier, dit le Grand, deuxième duc de Florence, fit commencer, à l'instigation de Charles-Quint, par l'ingénieur J. B. Beluzzi de Saint-Marin, les fortifications de Porto-Ferrajo. Ferdinand II, grand duc de Toscane, acheva, dit l'inscription, ces fortifications en 1637, année où il épousa Victoire, fille de François-Marie de la Rovère, dernier duc d'Urbin.

Au xviiie siècle les fortifications furent encore augmentées par l'héritier des Médicis, François de Lorraine-Habsbourg.

Pendant sa royauté éphémère, Napoléon veilla avec le plus grand soin à l'entretien des ouvrages de défense ; il avait en effet de bonnes raisons pour croire que le gouvernement de Louis XVIII, ainsi que les puissances alliées, ne seraient pas fâchés de le voir disparaître ou, au moins, interner dans un pays plus lointain. Un moment Napoléon pensa que les croisières anglaises ne se relâchaient de leur surveillance qu'afin de permettre aux Barbaresques de tenter un coup de main sur l'île d'Elbe ; n'oublions point que Napoléon était corse, et qu'il pouvait avoir vu dans son enfance les corsaires turcs pousser leurs incursions jusque dans le golfe d'Ajaccio. Actuellement les forts sont occupés par des troupes de lignes et des disciplinaires.

L'art des fortifications a subi un changement radical ; mais s'il est possible que, dans son état actuel, Porto-Ferrajo ne puisse plus compter comme place forte, il n'en est pas moins vrai que, grâce à sa situation, son magnifique golfe attire aujourd'hui l'attention du monde militaire italien. Que l'on jette les yeux sur la carte, et l'on verra immédiatement que Porto-Ferrajo se trouve situé à égale distance de la Spezia et de la Maddalena, les deux plus grands ports militaires de l'Italie ; ce serait un excellent point de concentration, de ravitaillement ou de relâche pour une flotte.

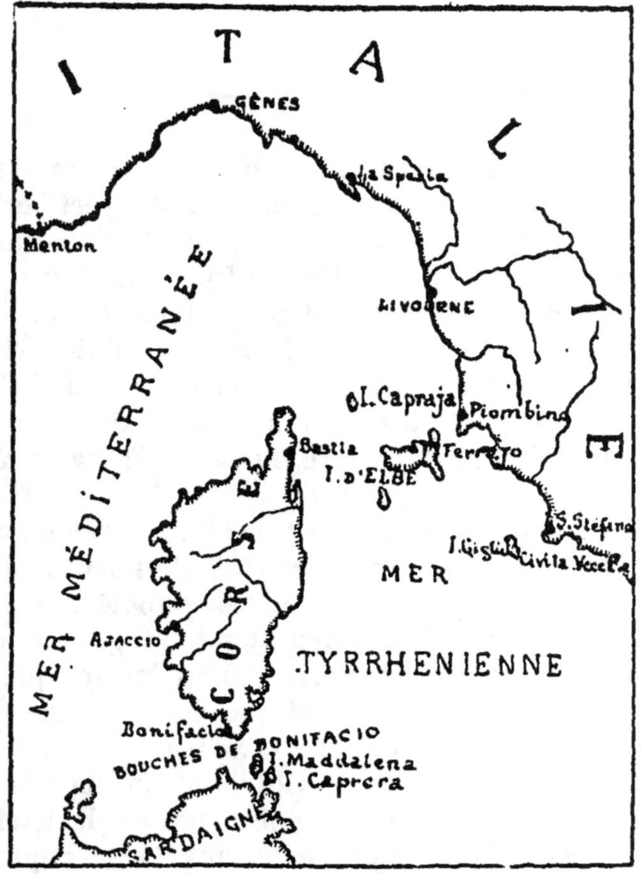

Nous sommes allés par hasard déjeuner un jour dans un restaurant fréquenté par les officiers ; parmi les convives se trouvait un colonel du génie en tournée d'inspection. Ce colonel a raconté devant nous qu'il était venu étudier le pays, qu'il avait parcouru l'île en tout sens et fait l'ascension de tous les pics ; qu'en résumé il partageait absolument l'opinion du gouvernement italien sur la nécessité de fortifier l'île d'Elbe.

Je n'ai pu en apprendre davantage ; on a su que j'étais français et ..... l'on a rompu les chiens......

Dans la journée nous commençons à parcourir la ville. Avouons tout de suite qu'elle n'est guère intéressante, on dirait une immense caserne : aucun monument, aucune église à signaler ; les rues sont propres et presque toutes dallées à la mode italienne ; les maisons, élevées de un ou de deux étages, ont belle apparence.

Nous n'avons pas oublié de visiter au sommet de la ville la Palazzina dei Mulini, simple maisonnette à un seul étage, où résida Napoléon. De sa fenêtre l'exilé apercevait la Corse, son modeste berceau, et l'Italie, théâtre de ses premiers exploits ; en songeant au chemin parcouru il pouvait encore avoir foi en son étoile. Aujourd'hui cette demeure historique est occupée par les bureaux du génie militaire.

La ville haute est peu animée, c'est le quartier militaire. Le charroi, le mouvement de la population paraissent s'être concentrés dans les environs de la porte de la darse ; l'entrée franchie, en venant du port, on se trouve sur un petit boulevard où sont situés les principaux cafés, des restaurants, des boutiques de coiffeurs, de libraires et de quincailliers. En face de la porte s'ouvre une rue aboutissant vite à une grande place sur laquelle s'élèvent, à droite, une église assez vaste, à gauche l'Hôtel de Ville et un long bâtiment où sont réunis divers services administratifs, tels que la poste, le télégraphe, et le bureau de l'enregistrement ; de cette place part un monumental escalier conduisant à la haute ville.

Dans une traverse voisine se tient le marché, qui est convenablement approvisionné ; de chaque côté, des auberges et des tavernes où l'on boit d'excellent vin blanc ; au milieu, la fontaine où les navires viennent remplir leurs barils.

La population ne ment point à son origine toscane, elle est douce et affable. Selon une brochure publiée en 1814, Porto-Ferrajo comptait à cette époque trois mille habitants ; le guide Joanne de 1876 donne un total de quatre mille âmes ; d'après mes renseignements ce nombre, en y comprenant la population des campagnes environnantes, s'élèverait aujourd'hui à plus de neuf mille.

Le port est très fréquenté, de nombreux voiliers viennent y chercher des chargements de vin ou de sel.

A 6 heures du soir, en rentrant à bord, nous assistons à l'arrivée du courrier du continent. En Italie les services maritimes entre la terre ferme et les îles sont mieux organisés et plus généreusement dotés qu'en France. Ainsi, chaque matin un steamer de moyen tonnage part de Porto-Ferrajo pour Piombino d'où il revient chaque soir ; le courrier de Livourne fait toutes les semaines escale à Porto-Ferrajo ; un troisième bateau dessert tous les ports de l'île. Et cependant la Compagnie générale de Navigation ne peut guère compter que sur la subvention du Gouvernement pour le remboursement de ses frais, car le transport des marchandises entre l'île d'Elbe et l'Italie est fait généralement par voiliers.

Ce paquebot qui vient de mouiller dans la darse s'appelle le *Conte-Menabrea* ; c'est à bord de ce bateau, nolisé pour la circonstance, que l'ex-maréchal Bazaine, échappé de la prison de Sainte-Marguerite, s'embarqua pour se réfugier en Espagne. Aujourd'hui sur le pont se trouvent quelques galériens surveillés avec soin par des carabiniers royaux.

La nuit est venue ; le baromètre a continué à baisser, il est maintenant descendu à 741 m/m : le vent souffle, la pluie commence à tomber ; nous jugeons prudent de doubler les amarres. Ces précautions prises nous nous étendons sur nos couchettes avec grand plaisir, car nous venons de passer deux nuits blanches à la mer.

Malgré le vent qui se renforce et la pluie qui semble picorer sur le pont, à peine sommes-nous parvenus à nous endormir que nous voilà brusquement réveillés par les accents éclatants de pistons et de trombones. Bien résolus à ne point nous laisser charmer par ces malencontreux musiciens, nous allons lancer sur eux toutes sortes de malédictions, lorsque Antoine, le patron de *l'Euxène*, qui couche dans l'hiloire sous une tente, vient nous avertir que c'est en notre honneur que la fanfare Garibaldi de Porto-Ferrajo est venue donner cette sérénade. Il faut se lever pour remercier ces aimables musiciens de leur délicate attention, et pour leur faire passer quelques billets à l'effigie du roi Humbert. Ces artistes ont la reconnaissance tenace, ils tiennent à nous régaler encore de plusieurs morceaux ; heureusement que la pluie redouble et met en fuite exécutants et exécutés.

Le vendredi 17 mai, de grand matin, nous partons en voiture pour Porto-Longone. Nous roulons d'abord en plaine, le long des salines qui bordent la rade à l'Ouest et au Midi : puis, après une courte montée, nous arrivons au sommet d'un petit promontoire d'où l'on domine toute la baie de Porto-Ferrajo. C'est là, au lieu dit Punta-Grossa, ou Capo-Castello, que se trouvent de curieuses ruines dont M. Simonin a déjà donné, il y a trente ans, une courte description. Ces ruines, qui ont peut-être appartenu à une importante villa romaine, s'étendent sur une assez vaste superficie : au milieu d'une végétation très touffue s'élèvent des murailles d'enceinte, des murs intérieurs et même quelques chambres voûtées. Tout l'ouvrage offre cette particularité d'être construit en maçonnerie mouillée, l' « opus reticulatum » des Romains, le « dictyotheton » des Grecs : l'effet en est ravissant ; on sait que dans ce système, très en vogue pendant les premiers temps de l'Empire, la surface externe du mur présente l'apparence d'un réseau. Vitruve assure que cette manière de bâtir était la plus employée de son temps ; mais il ajoute qu'elle a le grand défaut de manquer de solidité ; et pourtant les murs de la villa, exposés aux injures du temps et des hommes, subsistent encore au bout de dix-huit cents ans.

Nous continuons notre chemin au milieu d'une région admirablement cultivée ; partout, dans les vallées comme sur les coteaux, des champs de blé et des plantations de vignes ; les arbres sont assez rares ; à part les oliviers, nous apercevons seulement quelques bouquets de pins parasols autour des maisons.

La route fait peu de lacets, elle a été tracée par un militaire ; c'est en effet Napoléon qui a donné ordre de la construire, et ce sont ses soldats qui l'ont ouverte. A 11 heures du matin nous arrivons à Porto-Longone.

Porto-Longone est un ancien presidio où les troupes espagnoles ont tenu garnison pendant plus de deux cents ans. C'est en 1596 que Philippe II d'Espagne, parent de la princesse de Piombino, Isabelle Appiani d'Aragon, se rendit maître de cette place et en fit commencer aussitôt les fortifications. La haute ville est située sur un promontoire escarpé dominant la rade ; vue de terre elle rappelle Bonifacio, la vieille citadelle génoise. Ces fortifications ont toujours été entretenues avec soin par tous les Gouvernements. Napoléon, qui se souvenait de l'échec des Français devant cette place en 1799, vint plusieur fois la visiter, et y fit exécuter d'importantes réparations. Actuellement, le Gouvernement italien, après avoir exproprié tous les habitants de la haute ville, a installé là un établissement pénal.

La baie ne nous paraît pas avoir toute l'importance qu'on a voulu lui attribuer ; les instructions nautiques parlent de 2 milles et demi de large sur 2 milles de profondeur entre le cap d'Arco au Nord et le cap Gardo au Midi ; mais en réalité la rade, où peuvent mouiller en sécurité les grands navires, n'a pas plus d'un mille de long sur un demi-mille de large ; quant au port, protégé du côté Est par une petite jetée d'environ 50 mètres de longueur, il n'est accessible qu'aux bateaux de moyen tonnage ; toutefois, Porto-Longone est un excellent refuge pour les torpilleurs.

Le jour de notre arrivée le port et la rade sont encombrés de tartanes et de bricks qui, presque tous, viennent prendre comme chargement les vins réputés de Capoliveri.

La ville de Porto-Longone est maintenant située à la marine, dans le fond d'une petite anse, au Nord de la baie. Le cours forme un demi cercle le long du rivage et aboutit à une place plantée de jeunes arbres sur laquelle on tire à terre les embarcations : quelques vieilles maisons s'échelonnent sur le flanc de la colline ; l'église est petite, on y voit le tombeau du gonfalonier Rébufat mort en 1837.

La population est composée de pêcheurs et de marins longs-courriers ; elle n'augmente point ; aujourd'hui, comme en 1814, elle s'élève à 1500 âmes.

Dans la journée nous allons à Capoliveri, qu'on aperçoit au sommet d'un petit plateau, à une altitude de 200 mètres, dans le Sud-Ouest de la baie. La route est dure et monte en serpentant ; jadis ces pentes étaient en grande partie boisées ; elles sont maintenant couvertes de vignes.

Les habitants de Capoliveri, le pays des hommes libres, furent célèbres jadis par leur esprit d'indépendance ; en 1814 ils eurent même l'audace de refuser le paiement de l'impôt à Napoléon, qui, n'admettant point la plaisanterie, leur envoya le bataillon corse ; heureusement l'affaire se termina à l'amiable au grand contentement des deux parties. A l'époque actuelle les Capolibériens naviguent une partie de l'année au grand ou au petit cabotage, et s'empressent, les autres mois, de venir cultiver leurs champs. Les enfants travaillent comme âniers au transport du minerai de fer de Calamita.

On nous mène dans plusieurs caves déguster les crus de la région : l'aleatico, vin rouge sucré que l'on vend au détail 0 fr. 90 le litre ; le biancone, bon petit vin blanc, dont nous achetons un sixain au prix de 0 fr. 27 le litre.

Nos commandes terminées, nous prenons un guide pour aller visiter les gisements ferrugineux du cap Calamita. Le vigoureux marin qui nous conduit nous fait passer par des sentiers de chèvres serpentant le long de la mer ; à peine vêtu, le bonnet phrygien sur la tête, le pantalon retroussé, les pieds nus, il bondit au milieu du maquis, en montée comme en descente ; il nous oblige, pour pouvoir le suivre, à une gymnastique effrénée. Afin de modérer l'ardeur de notre homme nous l'assaillons de questions ; il repond, sans se retourner, vite et juste.

Nous voici sur la côte orientale du golfe della Stella ; en face de nous, vers l'Ouest, s'avance dans la mer l'étroite presqu'île de Capo della Stella que Napoléon avait achetée pour en faire un territoire de chasse ; elle est maintenant couverte de vignes. A 12 milles environ dans le Sud-Ouest nous distinguons avec peine à la surface de la mer la petite île de Pianosa, îlot de verdure que semblent bercer doucement les flots. C'est là qu'Agrippa, le petit fils d'Auguste, fut exilé par Livie ; on a conservé précieusement en Italie ce système de détention préventive (domicilio coatto). — Au moyen âge les Barbaresques massacrèrent plusieurs fois la population de la Pianosa. En 1814 Napoléon s'empressa de faire la conquête de l'île pour pouvoir y envoyer pâturer les chevaux de sa petite cavalerie. Aujourd'hui on a installé là un important pénitencier.

Dans le Sud, à près de trente milles au large, surgit, au milieu de la mer, l'énorme rocher de Montecristo ; cette masse granitique, dont les sommets s'élèvent à plus de six cents mètres d'altitude, est visible de très loin, et offre par suite un excellent point de repère aux navigateurs. On dit qu'elle renferme quelques ruines intéressantes, les débris d'une jetée romaine, d'une église et d'une ancienne abbaye ; nous désirions vivement la visiter, le mauvais temps ne nous l'a point permis. Elle n'était jadis fréquentée que par des pêcheurs et des contrebandiers ; actuellement elle est louée pour la chasse au propriétaire du grand steam-yacht *Urania*, le marquis Carlo Ginori, député au Parlement italien.

Continuant notre route le long du littoral, nous passons à Capo Francese, puis à cala dell'Innamorata : c'est là que, d'après une touchante légende, une jeune fille, désespérée de voir son fiancé enlevé par les pirates, se précipita dans la mer.

Le souvenir des incursions barbaresques est resté long-temps vivace dans la mémoire des Elbois ; ainsi, près de la pointe Calamita se trouve le poggio al Turco ; au Nord-Est de Porto-Longone s'étend la spiaggia di Barbarossa. Napoléon n'avait donc pas tout à fait tort de redouter un enlèvement par les corsaires algériens que les croiseurs anglais pouvaient oublier de surveiller.

Nous voici au cap Calamita ; on sait que les Italiens appellent calamita l'aimant naturel, minerai de fer oxydulé dont une des propriétés est d'attirer le fer. Les capitaines qui passent dans ces parages n'ont pas à craindre, comme près de l'île enchantée dont parlent les Mille et une Nuits, de voir tous les clous de leurs bâtiments venir à la côte ; ils doivent cependant surveiller leurs compas.

Toute cette pointe Calamita forme un massif ferrugineux qui monte jusqu'à fleur de terre. Les ouvriers détachent facilement à coups de pic, sur le flanc de la montagne, des quartiers de terre rougeâtre ; les terrassiers remplissent des paniers qu'on place sur le dos de petits ânes ; des enfants conduisent ces bêtes sur le bord de la falaise et renversent en tas les chargements. Là on remplit un wagonnet, qu'on fait descendre au moyen d'un treuil le long de la côte à pic, et qu'on vide sur le rivage ; on transborde ensuite ce minerai sur des bateaux à vapeur qui sont mouillés au large. Les gisements appartiennent à l'État, qui en a confié l'exploitation à des compagnies, mais en établissant des réglements très sévères dont il surveille avec soin l'exécution. Ainsi, pour empêcher toute exagération dans la production, l'État a fixé le maximum de tonnes à extraire ; il a déterminé également le système d'exploitation en interdisant l'ouverture de galeries.

Il est permis d'approuver une telle réglementation qui a pour but de conserver le patrimoine national ; mais les ouvriers de Capo Calamita ne sont nullement de cet avis ; comme les économistes libéraux, ils réclament la liberté absolue d'exploitation, certains de gagner ainsi, disent-ils, des journées plus rémunératrices. Les ouvriers sont payés à la journée ou à la tâche ; dans ce dernier cas ils s'associent par petits groupes et touchent trois francs par tonne de minerai extrait. Beaucoup de ces travailleurs sont de Capoliveri ; quant aux jeunes âniers, ils sont tous de cette bourgade, d'où ils partent le matin, et où ils reviennent avant la nuit montés sur leurs bêtes. Ces enfants, propriétaires de leurs montures, sont payés à la tâche, ils arrivent à gagner d'excellentes journées ; travaillant au grand air, libres de babiller entre eux, ils ont tous bonne mine et joyeuse humeur. La production des gisements de Capo Calamita s'élève à environ dix mille tonnes par an ; ce minerai est expédié principalement dans la région que baigne la mer tyrrhénienne.

Après avoir fait l'ascension du Monte Calamita (413 m.) nous retournons à Capoliveri par un sentier tracé sur la crête de la montagne ; pendant quelques kilomètres la terre est toute rouge, sans traces de végétation, nous marchons sur du fer.

Le soir nous rentrons dîner et coucher à Porto Longone dans un petit hôtel où nous sommes très convenablement traités

Le samedi 18 mai, à huit heures du matin, nous montons en voiture pour aller visiter les célèbres gisements de Rio. Quand on vient du continent italien pour se rendre à Rio, au lieu de passer par Porto-Ferrajo et Porto Longone, et de parcourir inutilement près de vingt-quatre kilomètres, on quitte le paquebot entre la pointe de capo della Vita et l' « isola dei topi », à l'extrême Nord-Est de l'île d'Elbe ; on descend dans l'embarcation qui fait le service du sémaphore du Monte Grosso, et qui vous porte en moins de vingt minutes sur la cote orientale en un point situé à six kilomètres environ de Rio Marina.

Nous sommes maintenant dans une région absolument différente de celles que nous avons parcourues jusqu'à présent ; nous avons laissé les plaines fertiles et les coteaux couverts de vignes ; nous ne cessons de monter par une route sineuse, ouverte sur le flanc de montagnes désolées et presque nues où ne pousse qu'un peu d'herbe dédaignée par les bestiaux ; mais aux approches de Rio le paysage, du côté de la mer, devient plus riant, les terrains cultivés réapparaissent, la vie reprend. Parvenus à l'embranchement di Padre Eterno nous gagnons à gauche par une pente excessivement raide l'antique cité de Rio dell'Elba.

Accroché aux flancs du monte Capanello, et dominant toute la vallée, le vieux préside espagnol a conservé un cachet caractéristique : ses rues sont étroites et sombres, tout en montée, garnies d'arceaux et d'escaliers.

Nous nous rendons à la municipalité pour jeter un coup d'œil sur les archives où l'on conserve, nous a-t-on dit, les Statuts de Rio dell'Elba datant du XIIIᵉ siècle. Très bien accueillis par les employés, nous sommes autorisés à feuilleter le petit nombre de registres et de documents, sur parchemin et sur papier, qui composent tout le fonds ; nous y relevons quelques noms et quelques dates : — Statuts de Rio in Elba, sur parchemin, datés du 7 mai 1571, (incomplet). — Copie moderne de ces Statuts, sur papier, en latin, commençant ainsi : « A la louange de Dieu, de la Vierge Marie et de Sainte Anastasie... » Sainte Anastasie est la patronne de la principauté de Piombino ; c'est une martyre chrétienne qui fut un moment exilée sous Dioclétien dans l'île de Palmaria (Palmajola). — Décrets de donna Isabella de Mendoza Aragon Appiano, princesse de Piombino, marquise de Popolonia, seigneur de l'Ile d'Elbe, Montecristo, Pianosa et autres lieux (1612). — Copies de décrets de Giuseppe de Nava, auditeur des Conseils royaux de S. M. catholique et gouverneur général de Piombino, (1708). — Par un décret du 1ᵉʳ novembre 1612 Donna Isabella de Mendoza Aragon fait savoir que, pour fuir les fièvres des maremmes toscanes, elle a choisi Rio in Elba comme résidence d'été à cause de la pureté de son air.

Nous faisons une courte visite à l'Eglise qui n'offre rien de remarquable ; là aussi nous lisons beaucoup de noms espagnols.

En 1814 Rio in Elba avait une population de 1800 âmes ; en 1895 elle compte 2.583 habitants. Grâce à sa situation salubre elle survit à coté de sa rivale de la marine ; comme elle n'est située qu'à deux kilomètres et demi de la mer, sa population peut descendre le matin travailler aux mines et remonter le soir sans perte de temps.

Retournant sur nos pas, nous regagnons la route de Rio marina.

Rio marina a quatre mille habitants ; c'est une ville toute moderne bien que le minerai y soit exploité depuis trois mille ans. Elle est bâtie au milieu même des gisements ; on pourrait l'appeler la ville rouge, car la poussière d'oxyde de fer envahit tout, couvre tout, les maisons, les hommes et même la mer jusqu'à une assez grande distance au large. C'est une véritable ruche en travail ; partout la vie, l'animation. La rue principale est bordée d'un côté par des lavoirs à minerai, et par une voie ferrée sur laquelle ne cessent de circuler les wagonnets qui portent à la mer le minerai lavé. Comme à Calamita les ouvriers entaillent la montagne à coups de pics ; les petits âniers amènent leurs bêtes chargées sur le rivage pour y vider les paniers en différents tas, selon la grosseur des blocs transportés.

On ne rencontre point là de ces travailleurs souterrains, au teint hâve et terreux, vieillis avant l'âge ; point d'inondations, point de grisou à redouter ; mineurs, terrassiers et porteurs travaillent, comme nous l'avons dit, toujours en plein air ; aussi ont-ils toute la gaieté et toute l'expansion méridionales.

Le littoral, sur plus de six kilomètres de longueur, est couvert de monticules de roches et de poussier ferrugineux. En mer s'avancent trois ponts débarcadères sur lesquels passent les wagonnets destinés à l'embarquement du minerai.

Il n'y a point de port à Rio, bien que l'on ait construit récemment une petite jetée ; c'est une rade foraine où les bâtiments doivent toujours être prêts à fuir à la moindre apparence de mauvais temps pour se réfugier à Porto-Longone, à Porto-Ferrajo ou à Piombino ; et les violents coups de vent sont fréquents dans ces parages. Pour le chargement du minerai, il est donc absolument nécessaire d'opérer un transbordement ; on emploie à ce service de grandes tartanes traînées par un remorqueur.

Dans *la Revue des Deux-Mondes* de juillet 1864, M. Simonin a donné une description complète de ces mines ; depuis trente années peu de changements se sont opérés dans le système d'exploitation, mais les débouchés ont considérablement varié. Autrefois le marché français était le principal consommateur des minerais de l'île d'Elbe qui alimentaient les hauts-fourneaux de la Loire, ceux de Rive de Gier, du Creusot et même de la Corse ; aujourd'hui c'est principalement en Italie, sur les côtes de la mer tyrrhénienne, que s'expédient les produits de ces mines. Depuis quelques années l'industrie des métaux a pris en Italie un grand développement.

Le soir même nous repartons ; nous allons dîner à Porto-Longone dans ce petit hôtel où nous nous sommes trouvés si bien ; nous regagnons ensuite, à la nuit tombante, Porto-Ferrajo.

— Aujourd'hui c'est dimanche (19 mai) ; nous décidons de profiter de l'autorisation qu'on accorde ce jour-là pour visiter les salles d'exposition et de vente des travaux exécutés par les forçats. Le bagne de Porto-Ferrajo occupe, avons-nous dit, toute la partie orientale de la darse ; l'entrée est à l'extrémité du quai, près de la tour de la Linguella. Nous passons devant un corps de garde, nous franchissons une grille, et nous nous trouvons dans un jardin carré sur lequel s'ouvrent les magasins. Nous voyons exposés, dans différentes salles, des meubles, des coffrets artistiques, des livres reliés, des toiles, des filins, des chaussons, des harnais ; chaque objet porte une étiquette indiquant le prix de revient et le prix de vente ; en général la fabrication est soignée et le prix modéré. Un magasin spécial est affecté à la cordonnerie et aux réparations de chaussures ; les souliers sont vendus presqu'au même prix qu'en ville. De vieux forçats vous donnent toutes les explications que vous désirez.

On ne peut visiter l'établissement ni voir les condamnés sans une permission spéciale du ministre; il est donc difficile d'avoir des renseignements certains sur le régime imposé aux forçats. Un officier supérieur italien, qui se prétendait bien informé, nous a assuré que tous ces détenus étaient trop bien traités, que la nourriture était plus que suffisante et le travail moins que forcé ; il a ajouté que la situation de ces condamnés était moins à plaindre que celle de beaucoup de paysans italiens.

On ne voit circuler en ville que les quelques forçats employés aux travaux du port.

Si le Gouvernement italien se décide, ainsi qu'il en a manifesté l'intention, à commencer les fortifications de l'île d'Elbe, il trouvera ici, comme à la Maddalena, une main d'œuvre à bon marché dans la nombreuse population des pénitenciers de Porto-Ferrajo, de Porto-Longone et de la Pianosa.

En sortant nous rencontrons un vieux mendiant qui, pour nous émouvoir, nous dit qu'il a quatre-vingt-cinq ans et qu'il a vu Napoléon. C'est le coup de l'ancien garde-suisse dont parle Daudet : à Porto-Ferrajo il faut absolument qu'on montre aux étrangers, et surtout aux Français, le vieillard qui a connu l'Empereur. Celui qu'on nous présente est un peu jeune pour son rôle ; néanmoins, selon l'usage, nous paraissons attendris et versons la gratification obligatoire.

Dans la journée nous partons pour San-Martino, où Napoléon avait établi sa principale résidence. On suit d'abord, pendant vingt minutes, la route de Marciana Marina ; on tourne ensuite à gauche sur un chemin qui monte le long de la belle et fertile vallée de San Martino, au milieu de jardins, de vignes, de champs de blé, de bouquets d'arbres. Parvenus, dix minutes après, sur un rond-point, nous descendons de voiture et enfilons une large allée bordée de génévriers qui aboutit à la cour d'honneur du musée Napoléon.

C'est peu de temps après son arrivée à l'île d'Elbe que Napoléon se rendit acquéreur du domaine de San Martino. Il y fit de fréquents séjours avec Bertrand et Drouot, se reposant de ses fatigues et rêvant en même temps à de nouveaux combats. En 1851, le comte Anatole Demidoff de San Donato, qui avait épousé la princesse Mathilde, fille de Jérôme Bonaparte, acheta aux héritiers de l'Empereur cette propriété historique. Dans son enthousiasme, il voulut élever à la mémoire de l'épopée impériale un temple où il pût conserver la précieuse collection de souvenirs napoléoniens qu'il avait réunie. Le comte Demidoff dépensa, dit-on, plus d'un million pour faire construire devant la modeste maison de Napoléon un imposant édifice, dont nous donnerons plus loin une complète description. Mais, à la mort du comte Anatole Demidoff, ses héritiers firent mettre à l'encan ces glorieux souvenirs et s'empressèrent d'afficher la vente de San-Martino. Comme on ne trouva d'abord personne pour acheter en bloc le domaine, on parla sérieusement de démolir le musée et d'en vendre au détail les matériaux. Enfin, après être passé aux mains de divers acquéreurs, qui non seulement laissaient tomber en ruines musée et villa, mais qui encore en activaient la destruction, San-Martino devint la propriété de M. le major Braccialini.

M. Braccialini, qui a bien voulu accepter ce rendez-vous, désire nous faire lui-même les honneurs de son domaine. Major en retraite de l'armée italienne, le propriétaire actuel de San-Martino est un homme jeune encore, gai, aimable, et s'exprimant très convenablement en français. Il nous apprend d'abord qu'il a payé cent cinquante mille francs le musée, la villa, une autre maison voisine, et cent hectares de bon terrain. Devant la modicité de ce prix d'achat je ne puis m'empêcher d'exprimer le regret qu'un Français n'ait pas eu l'idée de conserver à la France ce précieux souvenir historique ; il eût fait en même temps une excellente affaire et une bonne action.

Nous parcourons d'abord le parc qui entoure la villa : il est planté d'essences toujours vertes, pins, chênes-verts, cyprès pyramidaux ; dans les éclaircies la vue se repose sur d'élégants parterres de fleurs. En revenant nous nous arrêtons devant la source où chaque matin Napoléon avait coutume de boire un verre d'eau. La maison, où habita pendant dix mois celui qui fut le maître de l'Europe, est d'apparence plus que modeste ; le nom de villa paraît prétentieux

MAISON DE NAPOLÉON A SAN-MARTINO

pour cette grange transformée. Orientée Nord et Sud, elle forme un rectangle de quatorze mètres de long sur neuf mètres de large ; bâtie sur une pente rapide elle comprend un demi rez-de-chaussée adossé au terrain et un premier étage où on pénètre de plain-pied par derrière. Au rez-de-chaussée point d'antichambre, on entre directement dans la salle à manger ; à gauche se trouve la salle de bain avec la baignoire de Napoléon ; au-dessus de la baignoire est sculptée une Vérité que le temps et l'humidité ont bien altérée ; d'ailleurs cette espèce de cave, exposée au Nord d'un côté, enfoncée dans la terre de l'autre, sent considérablement le moisi.

Tournant ensuite autour de la maison on monte sur une petite place où est la source dont nous avons déjà parlé ; de là on pénètre de plain-pied dans l'appartement. Ce premier étage est sec et bien éclairé grâce à ses cinq fenêtres par façades Nord et Sud.

On rencontre d'abord la fameuse salle égyptienne dont Napoléon a parlé en termes emphatiques dans le Mémorial de Saint-Hélène ; il est permis de sourire de ce jugement artistique. C'est un salon rectangulaire dont tous les murs sont recouverts de peintures à fresques, représentant des vues de l'Egypte et différentes scènes de la vie égyptienne, ou rappelant des souvenirs de l'expédition. Sur le paneau de gauche en entrant on lit l'ironique devise : « Ubicumque felix Napoleo ; » plus loin sont dessinés des pêcheurs du Nil, des femmes qui se baignent, des mameluks, des troupes à cheval, des paysages, des palmiers et des obélisques ; à droite est peint Bonaparte, monté sur un âne ; un aigle plane au-dessus avec cette devise « l'aigle le guide. » Au milieu de la pièce Napoléon a eu l'idée baroque de faire creuser un bassin ; on devait être obligé de circuler avec précaution, car le salon n'est point grand tandis que le bassin est profond et sans rebord.

Devant, ayant vue sur la rade, se trouvent la chambre à coucher de Napoléon ainsi que les chambres de ses deux plus fidèles serviteurs, les généraux Bertrand et Drouot. Comme objets ayant appartenu à l'empereur il ne reste plus dans la maison que six chaises et un secrétaire.

M. Braccialini a fait réparer complètement la villa, sans en modifier toutefois l'agencement; il compte l'habiter l'été prochain.

Nous redescendons devant la maison, dans le jardin, où nous admirons un superbe micocoulier qui a été, dit-on, planté par Napoléon. Nous avançons ensuite sur le toit du musée, qui forme terrasse au niveau du jardin, afin de contempler la vue spléndide qui s'étend devant nous, au loin dans le Nord, sur la rade de Porto-Ferrajo, la mer et les côtes d'Italie.

Précédés de notre aimable cicerone nous nous rendons maintenant au musée par un escalier souterrain. Le musée napoléonien, construit en 1851 par le comte A. Demidoff, est une galerie longue et étroite, ornée d'un portique au centre et de deux pavillons carrés en avant-corps aux extrémités; des piliers toscans font saillie tout le long de la façade; les entablements sont décorés de N. couronnés et d'abeilles; le toit, comme nous l'avons dit, est construit en terrasse au niveau du jardin. A l'intérieur, de hautes colonnes en granit, et dont quatre sont des monolithes, soutiennent un plafond en bois formé de caissons octogonaux dont le centre est orné de grandes croix d'honneur. Devant le musée s'étend une vaste place plantée d'orangers.

Il était temps que San Martino cessât d'appartenir aux vandales qui en ont été successivement propriétaires depuis la mort du comte Demidoff; peu s'en est fallu qu'on ne vendît le musée par morceaux à des entrepreneurs de construction; déjà de gracieuses balustrades en marbre avaient été arrachées pour être expédiées en Italie. Comme le musée a servi de grenier à foin, puis de cave, on peut s'imaginer dans quel état de dégradation il se trouve à l'intérieur. M. Braccialini a couru au plus pressé : il a commencé par faire bétonner à nouveau la terrasse, car l'eau filtrait partout, le plafond pourrissait, et toutes les peintures des caissons s'effaçaient. Les réparations terminées, M. Braccialini a l'intention de réunir dans son musée tous les souvenirs napoléoniens qu'il pourra trouver dans l'île; on assure qu'il en existe encore un certain nombre, mais que leurs possesseurs consentent difficilement à les vendre. Pour subvenir à toutes ces grosses dépenses de réparation et d'entretien,

M. Braccialini compte sur le rendement de ses vignes ; il a l'intention de fabriquer un vin de champagne qu'il baptisera du nom de « Champagne Napoléon. » Souhaitons de tout cœur prompte réussite à M. le Major Braccialini, qui certes a bien mérité les remerciements et les vœux de tous ceux qui ont souci d'un glorieux passé.

Lorsque nous remontons en voiture, le gardien du musée, qui nous a accompagnés partout, dans un but facile à comprendre, nous affirme qu'il n'existe plus dans l'île une seule personne ayant vu Napoléon ; mais alors notre vieux mendiant de Porto-Ferrajo....

— Le lundi 20 mai, afin de connaître la région occidentale de l'île et de faire, s'il est possible, l'ascension du monte Capanne, le plus haut pic du pays, nous nous rendons en voiture à Marciana Marina, gros bourg situé au bord de la mer à quatorze kilomètres environ de Porto-Ferrajo.

La route a été ouverte par les soldats de Napoléon ; elle monte d'abord en zigzags à travers une région escarpée, inculte, couverte de maquis, et dont la ressemblance avec la Corse est frappante ; elle descend ensuite jusqu'au village de Procchio, à peu de distance de la mer, où elle rencontre l'embranchement conduisant à Campo, sur la côte méridionale de l'île ; puis elle remonte le long du littoral pour aboutir enfin par une pente assez rapide à la vallée de Marciana.

Ici le terrain nous a paru beaucoup moins fertile qu'aux environs de Porto-Longone. Autrefois cependant, nous dit-on, les vignes étaient florissantes, et les habitants, grâce à l'exportation de leurs vins, se trouvaient dans une aisance relative. Aujourd'hui, bien qu'il compte encore deux mille habitants, Marciana Marina est un pays pauvre et abandonné : les propriétaires délaissent leurs vieilles vignes détruites par le phylloxéra, et s'en vont, les uns après les autres, chercher fortune dans l'Amérique du Sud, particulièrement au Brésil. Les mendiants foisonnent et vous poursuivent par toute la ville.

Marciana Marina décrit un demi-cercle au fond d'une petite baie, au bas d'un vallon encaissé et sillonné de cours d'eau. Les maisons sont blanches, hautes et solidement construites ; au bord de la mer est le cours, planté de maigres tamaris. Vers le midi on aperçoit à mi-côte, au milieu des châtaigniers, les villages de Poggio et de Marciana Castello ; à l'horizon se dresse l'énorme massif granitique du monte Capanne dont le pic le plus élevé dépasse mille mètres d'altitude. Malheureusement aujourd'hui le géant de l'île est tout enveloppé de brouillards, inutile de songer à en faire l'ascension.

Nous aurions pourtant désiré parvenir au sommet du monte Capanne pour visiter l'ermitage et la chapelle de la Madonna del Monte dont parle Napoléon dans sa Correspondance. Cet ermitage rappelait à l'empereur de bien doux souvenirs : c'est là en effet qu'il reçut au mois de septembre 1814 la visite de la jolie comtesse Walewska. M. Marcellin Pellet a donné de curieux détails sur ce rendez-vous galant dans son livre « Napoléon à l'île d'Elbe. »

Pour nous consoler un peu de ce contre-temps nous allons déguster en déjeunant les crus du pays. Nous notons sur nos tablettes un certain petit vin rouge appelé « Taticsi » dont nous serions heureux de posséder quelques échantillons ; mais on ne peut se procurer ce vin qu'en allant le chercher en barque sur la côte occidentale de l'île, dans un endroit difficilement abordable. Toutefois, si le vin est bon, la note est salée ; l'hôtelier répond à nos observations qu'il est très difficile de s'approvisionner à Marciana et qu'on a rarement l'occasion de traiter... d'écorcher des voyageurs.

En rentrant à Porto-Ferrajo, vers cinq heures du soir, nous voyons arriver dans la darse cinq torpilleurs italiens. Ces torpilleurs ont belle apparence, ils semblent de construction nouvelle ; l'un d'eux, mouillé à côté de nous, est chauffé au pétrole. L'escadrille est sous le commandement d'un capitaine de frégate ; elle navigue à équipages réduits.

Comme le temps continue à être mauvais et que, par suite, nous ne pouvons aller mouiller sur les rades foraines de la Pianosa et des autres îles de l'archipel toscan, nous décidons de passer quelques jours sur le continent italien ; la mer calmera peut-être pendant notre absence.

Le mardi 21 mai nous nous embarquons à bord du *Conte*

Menabrea, et en moins d'une heure nous arrivons à Piombino. Ne passant que cinq jours en Italie nous parcourons
un peu à la hâte Sienne et Volterra ; le samedi soir nous
sommes de retour à Piombino.

Le paquebot, qui nous ramène à Porto-Ferrajo, part en
retard à cause de l'affluence des passagers ; c'est que demain
dimanche ont lieu les élections générales en Italie, et que le
public s'empresse de voyager pour profiter de la remise de
75 0/0 accordée à cette occasion par les compagnies de che-
mins de fer et de navigation.

Nous trouvons les murs de Porto-Ferrajo couverts d'affiches ; l'animation est grande dans les rues, les hôtels regor-
gent d'électeurs.

— Aujourd'hui dimanche nous nous promenons en ville au
milieu des groupes ; les chefs de partis ne se ménagent
guère sur leurs affiches, mais la population est assez calme.
Le candidat officiel de M. Crispi est le commandeur Co-
mandu, un sarde, ancien Ministre de la marine dans le
ministère Depretis. Son principal adversaire est un nommé
Merga, avocat, ancien député, qui a été condamné à vingt-
sept ans de réclusion pour avoir assassiné à Livourne un
agent de police lors de l'inauguration du monument de Maz-
zini. On voit qu'en Italie les électeurs de l'opposition savent
choisir des candidats intransigeants.

Comme nous sommes un peu fatigués de notre voyage et
que, de plus, nous avons l'intention de lever l'ancre cette
nuit, nous allons nous coucher en même temps que le soleil.

Mais il était écrit qu'à Porto-Ferrajo nous serions toujours
réveillés à contre-temps par la musique. A neuf heures du
soir a lieu une grande manifestation en l'honneur du candidat élu, le commandeur Commandu : précédée de la fanfare
une foule d'hommes, de femmes et d'enfants portant des tor-
ches passe sur les quais de la darse et fait le tour des murs
en poussant des acclamations ; la ville est illuminée, les
bureaux de la capitainerie du port sont éclairés à giorno.
On nous apprend toutefois, à notre grand étonnement, que
le candidat de l'opposition a obtenu une respectable mino-
rité.

Nous avons eu le temps de nous reposer le lendemain et

le surlendemain, car durant deux journées entières la pluie n'a cessé de tomber.

Confiné dans la cabine je profite de ces deux jours de repos forcé pour mettre en ordre mes notes de voyage. Je prévois que, par suite du mauvais temps, nous devrons renoncer à visiter les autres îles de l'archipel toscan, et que notre croisière touche à sa fin.

Nous n'avons exécuté que la première partie de notre programme ; nous avons dû nous borner à parcourir l'île d'Elbe et à y glaner les quelques souvenirs que je viens de raconter. Avant de terminer donnons au lecteur un aperçu général de l'île et resserrons, en peu de mots, divers renseignements qui n'ont pu trouver place dans le cours de ce récit.

L'île d'Elbe a la forme d'une enclume dont les bigornes sont représentées par les massifs ferrugineux de l'Est. Sa longueur est de 29 kilomètres, de l'Est à l'Ouest ; sa largeur, très variable, est en moyenne de 10 kilomètres ; ses côtes ont un développement de cinquante milles marins. Elle se divise en trois régions bien distinctes.

La partie Ouest est dominée par une haute chaîne de montagnes granitiques dont les contreforts, couverts de maquis, descendent jusqu'à la mer ; sur les pentes croissent le chêne-vert, le chêne-liège et le châtaignier ; sur les coteaux et dans les rares plaines s'étendent de grandes plantations de vignes et quelques prairies. La côte est généralement haute et abrupte mais saine ; on rencontre cependant sur le littoral Nord quelques plages de sable, par exemple dans les baies de Marciana et de Procchio, près desquelles on a installé des pêcheries de thons.

Dans la région centrale les montagnes n'atteignent pas quatre cents mètres d'altitude ; ce pays de plaines et de vallons est fertile et bien cultivé : on y récolte en abondance du blé et du maïs, et, comme nous l'avons maintes fois répété, la vigne y donne des produits très estimés ; les arbres des pays méridionaux, tels que l'oranger, le grenadier, le génévrier sabine y trouvent un sol et un climat favorables ; on peut regretter toutefois de n'y point rencontrer plus souvent l'olivier et le mûrier à la place du laurier rose, de l'aloès et du figuier de Barbarie. Les côtes sont très échancrées : au

Nord s'ouvre la grande baie de Porto-Ferrajo que nous avons décrite ; au midi les golfes Stella et dell'Acona offrent aux navires un bon mouillage lorsque soufflent en hiver le mistral et le gregale.

La région orientale forme, avons-nous dit, les deux bigornes de l'enclume ; elles sont séparées par une étroite vallée partant du golfe Stella et aboutissant à la rade de Porto-Longone ; au Nord se trouve le massif ferrugineux de Rio, au Midi celui du monte Calamita.

En parcourant l'île nous avons été frappés de la rareté des arbres fruitiers et du bétail. Nous n'avons pu nous procurer de fruits, à part quelques mauvaises cerises, ni sur les marchés ni dans les hôtels. Dans nos excursions à travers les campagnes nous n'avons aperçu que quelques vaches et un petit nombre de moutons mérinos et de chèvres, qui tous étaient solidement attachés ; cette pénurie de bestiaux tient sans doute à l'absence de prairies, et aussi à l'habitude de laisser les vignes sans clôtures.

La superficie de l'île d'Elbe est de vingt-deux mille hectares. La population, qui n'était que de huit mille âmes en 1778, s'est élevée successivement à onze mille trois cent quatre-vingts en 1814, à vingt et un mille en 1871, et à vingt-quatre mille en 1894.

C'est un peuple de bons et solides travailleurs, marins, mineurs ou vignerons ; il est formé d'éléments hétérogènes : dans l'Ouest, les habitants sont d'origine corse et génoise ; sur la côte orientale les Espagnols et leurs vassaux napolitains ont laissé de nombreux descendants ; au centre dominent les Toscans, qui paraissent étendre peu à peu sur l'île entière la suprématie de leur race.

— Enfin, le mercredi 29 mai, le temps paraît se remettre ; le baromètre est légèrement en hausse, le ciel est clair, la brise vient de l'Ouest-Nord-Ouest ; à cinq heures du matin nous quittons Porto-Ferrajo.

Après une heure de navigation nous voyons la *Lina* mettre en panne ; arrivés à portée de la voix nous apprenons que nos camarades désirent terminer ici la croisière pour pouvoir gagner directement Ajaccio. Nous nous séparons à regret, en nous souhaitant bon voyage et en nous donnant rendez-vous pour l'année prochaine.

L'*Euxène* continue alors sa route dans l'Ouest, tandis que la *Lina*, se dirigeant un peu plus au Nord afin de doubler le Cap Corse, disparaît peu à peu à l'horizon.

DUFOURMANTELLE,
Yacht *Euxène* U. Y. F.

Ajaccio. — Imp. T. Massel.